침묵이

      침묵에게

침묵이
침묵에게

이향 시집

2019
문학실험실

1부

011   비탈
012   나무의 밤
014   어둠 덩어리
015   밤에게
017   당신이 내 잠 속으로 들어와
019   재즈
020   밤의 카페들
022   물기가 맺히지 않았다면
024   꽃이 시들 때
026   목마름
028   한여름 축 늘어진 이파리처럼
030   흰 새처럼
032   눈빛
034   내 귀에는 들리지 않는다네
036   오늘 아침 네 영혼으로 눈 내리는 걸 보네

2부

이항

041 유리문 안에서 1
043 바닷가의 집들
046 그럼에도 불구하고
048 오후의 그림자
050 균열
052 비늘
054 빈 벽을 더듬어
056 저쪽 눈물이 이쪽으로 왔는지
057 벌
059 슬쩍 물러나줄 때가 있다
061 내력
063 감은사지
065 히말라야
066 그에게는 벗어버리지 못한 냄새가 있다
068 詩

3부

073 새해

075 깃털

077 휴가

079 창문을 긴장시키고 있다

080 그녀에게 1

081 이른 새벽 뭉개진 고양이 다리 위로

083 혀

085 저를 감당하지 못해

087 만만한 게 그것이어서

089 그녀에게 2

091 청첩장

093 낭독회의 밤

095 누가 슬픔을 데려오는지

097 바라나시

100 태풍은 멀리 있다는데

4부

이향

105 물가의 밤
107 정지해 있는 시간 속으로 여름은 흘러가고
108 열기구
109 유리문 안에서 2
110 유리문 안에서 3
111 인형이 되기라도 한 것처럼
112 흰 그림자
113 그녀에게 3
114 냄새
115 미처 돌아가지 못한
116 너의 실루엣이 어른거려
117 반쯤 가려질 때
118 잎들
119 흘러내리고 있다
120 입구

122 시인의 말
129 感 • 고요한 응시와 호흡으로 살아낸 시간 _조원규

1부

비탈

검푸른 치마를 걷어 올리고 나무들이 기어오른다

숨겨야 하는 게 뭔지 모르면서 한없이 감추기만 하는 숲에서

통째로 뽑힌 나무의 하부,

손바닥으로 쓰다듬으면 다시 일어설 것 같은 빛들

스러진 주검을 밟지 않으려고 경중경중 올라온

나무는

뭔가에 기대보려고 긴 몸이 비탈로 다시 휘어지고 있다

나무의 밤

비가 온다 헐벗은 숲으로 온다

촘촘한 어둠 속에서 비와 숲이 한 몸이다

비 외에 아무것도 허락하지 않는 듯

어둠 외에 그 무엇도 없는데

지금껏 삼켜온 빛을 다 토해내는지

흰빛을 잊지 않으려는 몸부림의 밤이다

벌거벗은 몸들은 어디로 가야 하나

흘린 빛을 다시 주워담을 수밖에 없다는 걸 모르지 않기에

나무는 빗속으로 희게 타들어 가고 있다

어둠 덩어리

　물컹한 어둠이 덩어리째 왔다 갓 태어난 짐승의 새끼에게서 나는 냄새를 가지고 왔다 실핏줄 같은 온기가 있어 물기가 맺히는 듯했다 축축한 어둠을 주무르자 붉은 길이 생겼다 길을 따라 뿌리가 품었던 말이 제 몸을 찢고 나오는 걸까 한밤에 새끼를 낳아본 어미의 몸부림처럼 몸을 비틀어 나무는 붉은 꽃을 낳고 있다

밤에게

뭘 기다려야 하는지 모른 채

기다리는 너는

풀린 눈동자로

붉은 잇몸을 질질 흘렸다

거리의

어린 나무들은 다시 올 밤을 미리 떨고 있었는데

미끈거리는 것끼리 한 덩어리가 되어

네 흰 손짓에는 아무런 대답도 없이

도대체 무슨 생각을 하는지 알 수 없는 얼굴로 떠다니다가

결국은 저지르고 마는,

당신이 내 잠 속으로 들어와

가느다란 목젖이 떨릴 때마다
내 잠은 붉어져
봄밤 어디쯤에서 길을 잃기도 하겠지만

휘파람새가 불러 모은 잠들
밤이슬에 젖어
엷은 날개를 털기도 하겠지만

휘파람 소리에
흰 유방이 부풀고 마침내
툭 툭 터지면

칭얼거리는 당신에게 흰 젖을 물려보기라도 할 것

처럼
　밤새 휘파람새가 운다

　어떤 밤은 너무 얇아서 차곡차곡 접어 두지 않으면
　당신이 오기 전에
　금방 피어버리기도 해서

　뜬 눈으로 지는
　봄밤

재즈

  온몸에 물살을 감고 더 깊은 곳으로 헤엄쳐 가는 맨살의 밤, 네 목덜미에 팔을 감고 내 흰 다리는 흐느적거렸는데 물속에 빠진 너를 구해야 하는데 너에게 이끌려 더 멀리 가라앉고 있었다 우리는 젖은 옷처럼 달라붙었고 오늘 듣던 노래가 빠져나갈 때 긴 한숨이 흘러나왔다 영원히 끝나지 않을 것 같은 돌아갈 집 없는 노래가 해변을 떠돌고, 노래 속에는 이미 노래가 없었던 것처럼 텅 비어 있고

밤의 카페들

밤이면 너는 거대한 어항이 된다 간혹 가까이 가고 싶지만 깨어질까 두려워 망설이면 불빛 속의 너는 한때 아가미를 가진 적 있었는지 둥둥 떠다니기도 하고, 있지도 않은 꼬리지느러미를 흔들어 뿌옇게 물을 흐린다 유유히 너에게 다가갈 수 있다면… 나는 유리문 밖이고 그 안에서 너는 낯선 얼굴로 물방울을 뽀글거리고 있네

그때 너는 희미한 빛이 되어 그 남자의 그림처럼 알몸으로 알몸인 줄도 모른 채 나를 향해 온다 아득한 떨림에 눈 감아버리면 언제 그랬냐는 듯 큰 창에 전신을 비추며 입꼬리를 올리곤 하는 너, 붐비는 저 안에서 젖은 네 머리카락에 닿고 싶어 입술이 뭉개지도록 달라붙어 보지만 너는 제 짝을 찾은 것처럼 물밑으로 가라앉

기만 하네

　언제부턴가 속이 투명해진 너는 불을 끄지 못한다네 어두워지면 모든 것이 무너져버릴까 눈을 뜨고 잠드는 어느 족속들처럼

물기가 맺히지 않았다면

1

너는 유리잔처럼 물기를 머금고 있었고 나는 그것을 닦아주려고 했지 그게 문제라고 그래서 싫다고 너는 말했지만 물기란 네가 나를 밀어내는 방식 같은 것이어서 차라리 샤워 뒤에 떨어지는 것이라면 얼마든지 지켜볼 수 있었는데… 아무런 표정 없이 맺히기만 하는 너는 낯섦이었다가 간혹 내미는 손수건이었다가 어느 날 먼저 가버린 빈 의자 같았지 알아들을 수 없는 물기가 저 혼자 고이기만 하는데 누군가 아무렇지도 않게 닦아버릴까 두려웠던 거야 맺히지 않았다면 가버리지도 않았을 너를 다시 꺼내보는

2

그의 방에 머리카락 한 올 두고 왔네 어떤 말도 할 수 없어 두고 온 가느다란 무거움 그가 혹시라도 함께 가줄지 모른다는 것을 버리지 못해 두고 온 관계… 바닥에 달라붙어 있는 그것을 보며 그날을 떠올려줄지 몰라 슬며시 흘리고 왔네 아직 돌려보내지 않는 걸 보면 그도 망설이고 있는지 모르겠네 젖은 머리카락을 빗다가 가만히 거울을 보면 끊어버려야 할 것도 있지만 다시 이어가야 할 것이 더 많아 머리카락은 아직 물기를 머금고

3

어쩌다 하지 말아야 할 것을 하고 나면 몸이 건조해져 견딜 수 없다 영화 속 연인들이 급하게 벗은 옷을 결국 급하게 입듯이 당신에게 보낸 말들도 그런 것이어서 떨어진 잎들을 책갈피에 끼웠던 것일까 당신은 당신 방식대로 물기를 버렸다 그런 줄 알면서 그것을 사랑이었다고 변명이라도 하듯 유리컵은 다시 물기를 불러들이고

꽃이 시들 때

침묵이 침묵에게

입술은 입술에게

가득 물기를 주었다

당신을 보내기 전에도 그랬다

이 순간을 깨뜨리지 않으려는 듯

더 이상 다가서지 않으려는 듯

이마를 맞댄 채 망설이고 있었다

헐거워진 오후가

풀어지지 않으려고

남은 기운을

꽉 틀어쥐고 있었다

목마름

숲은 끝나는 지점에서 다시 엉키고

어디엔가 숨겨 둔 두려움을 들고

누군가 돌아올 것 같아 한없이 바라보게 하는 숲에서

너희 키 큰 포플러 아래 흥건히 젖는

목마름,

잎은 잎대로 가지는 가지대로

눈부신 한때를 지키기 위해 영원을 내려놓는

너희 키 큰 포플러

한여름 축 늘어진 이파리처럼

어미 왜가리는 제 새끼 키우느라
종일 날개를 펼쳐
갈라 터진 태양과
맞서고 있다

날개 안에 접혀 있던 그늘
그것조차 어미의 것이 아니었는지

다 말라죽는다고 아우성인 한여름
그 그늘을 빨아먹는
새끼들

축 늘어진 이파리 뒤로

숨겨 키우는
열매들처럼

어느새 그들도 가질 수밖에 없는

날개를 키우고 있다

흰 새처럼

어딘가를 바라보네

아득하다는 것이 이런 걸까
저 너머 또 그 너머
그래 봐야 이미 올 것은 다 왔는지 모르는데

더 기다려야 할 것도
찾아야 할 것도 없지만
흰 새들처럼
멀리 더 멀리 목덜미를 조아려본다

이것뿐인데

이것밖에 없는데
그런 줄 알면서 하염없이
떠돌고

빈 껍질이 난간에
매달려 제 몸에서 빠져나간 울음을 듣고 있다

다시는 채워지지 않길 바라면서도
어딘가에는
있을 것 같아

나뭇가지를 옮겨 앉아보는

눈빛

구름이 하늘로 스며드는지 하늘이 구름으로 번지는지

어딘가로
누구에게로
저렇게 스며들 수 있다면

머리는 구름이 되고 하늘이 되고 구분이 없고

원죄 속에서 내 몸이 나온 것처럼 내가 여자인 것처럼
원래 그 옷을 입고 그 운동화를 신고 온 것처럼
그랬던 것처럼

너에게로 스미고 번져서

하늘과 구름이
그렇듯

이미 내가 나여도 당신의 엄마가 아니어도 당신의 딸이 아니어도
그래서 눈빛이 다른 것처럼
그것이 달라서 집으로 가는 길이 느려도

너에게로 스미고 번져서

하늘과 구름처럼 같이 가보는 것
그렇게 떠다녀 보는 것
그렇게 파고들어 보는 것

내 귀에는 들리지 않는다네

밤의 숨결처럼

길거리의 노래처럼

멈춰 선 발걸음으로

바람이 분다

다시 흔들릴 수 있을까

노래는 지금도 흐르지만 바람이 오지 않는 노래는

내 귀에 들리지 않는다네

돌들이 잠시도 멈추지 않도록 나무가 끝까지 침묵하도록

물이 뿌리를 가지지 못하도록

불어다오 바람아

음악처럼

영혼처럼, 그날의

한숨처럼

오늘 아침 네 영혼으로 눈 내리는 걸 보네

마른 덤불 속
작은 새의 눈으로 들어가는
눈

젖은 발도 날개도 없이 하염없이 흩날리다 쓰러지는데
빛이 너무 환해서
눈을 가리고 얼굴을 지우네

더러는 벌건 숯덩이 위로 던져지는 축축한 덩어리
더러는 썩은 쓰레기더미에서
검은 연기 뿜어 올리는
눈발

미쳐 날뛰지 않고는
갈기갈기 찢기지 않고는
온전함을 가질 수 없어
오늘 네 영혼으로 눈이 내리네

새의 젖은 눈으로 들어간 네가
녹고 녹아서
찢기고 찢겨서
이제 영혼도 없이
미친 눈발로 날리네

2부

유리문 안에서 1

슬픔이 찾아오지 않은 지 오래다

두려움이 커지면 창을 만드네

늦은 밤 가게들의 문 닫는 소리

밤을 뒤지는 눈빛

사라진 골목을 짖어대는 개들

창은 무얼 찾아 돌아다니는 걸까

슬픔이 돌아오지 않은 지 오래다

두려움이 사라지면 창을 만드네

점점 부끄러워지는 용서들

시들어가는 영혼

익숙해져버린 눈동자

창으로 아무것도 비치지 않는다

아무리 할퀴어도 자국이 생기지 않는 유리문에

누군가 바짝 붙어

불안에 떨고 있다

바닷가의 집들

1

세월의 헝클어짐을 질끈 묶고 권태로움에 칭칭 감겨

늘어진 스웨터자락처럼 일렁이며

무료해진 하루를 보내고 있다

돌팔매질을 해보지만 귀찮은 듯

그렇지 않은 듯 느리게 뒤척여줄 뿐

바다의 지붕은 주름이 깊다

기억이란 이런 것일까

밀려왔다가 다시 밀려가는 시간들

어제도 내일도 경계가 없으니 늦은 아침이

낡은 소파에 앉아 소매에 붙은 보풀이나 떼고 있다

2

무료함이 갈증을 일으킨다

바다 곁에서 장미가 시들고 있다

여기까지 오기 위해 장미는

태양을 건너왔지만 우리가 그 일을 다 알 수 없듯이

장미도 우리도 돌아가는 길을 모른다

건너편 바다에서는 빙하가 녹는지

탁자 위 컵에서

그리움 같은 것이 맺혔다가

미끄러진다

한 송이 장미는 바다를 어떻게 기억할까

일렬로 늘어선 집들은 기억이 뭔지도 모른 채

시들고 있다

그럼에도 불구하고

어김없이

제시간에 퇴근하는 나이 든 사무원처럼

당신은 왜 그렇게 숙맥인지 모르겠네요

어김없다는 것 어김이 좀 있으면 좋겠는데

저녁이 그림자를 잃어버리듯 당신도 그랬으면 좋겠는데

제자리에 신발을 벗고 하루를 걸어 두네요

어김없이

밀어 넣는 숟가락질

어김이 좀 있으면 좋겠는데 어김이 없다는 것

당신은 왜 그렇게 숙맥인지 모르겠네요

입가에 밥풀이나 붙일 거면서

파자마같이 헐렁해진 하품이나 할 거면서

꾸역꾸역 밑으로 기어들기만 할 거면서

오후의 그림자

때론 다리를 꼬고 벽만 바라보기도 하지만

때론 골똘히 책을 뒤적거리기도 하지만

졸다가 한쪽 팔이 떨어지면 급하게 수습도 하지만

나른해진 당신을 달래보려고

의자는 다리를 질질 끌며 돌아앉기도 한다

간혹 오후는 외발로 서 있는 의자 같아서

슬쩍 밀면

한 번도 앉아본 적 없는 낯선 무릎 위로

걸터앉는다

균열

드문드문 오가는 사람들과
지루하게 돌아가는 선풍기 바람 속에서
지워지지 않는 선이 생겼다

식었다는 것은
멈춰 서는 걸까 아니면 본래대로 돌아가는 것일까
모든 걸 덮어버리기엔 너무 멀리 왔다

어쩌면 그것은 기다렸던 대답일지도 모른다는
생각이 들자
온몸으로 쓴맛이 퍼졌다

당신은 당신인 채로

나는 내 안에서

이미 식어버린
실금을 따라 어딘가로 빠져나가고 있다

비늘

누가 먼저였는지 알 수 없지만

아무런 기척 없이 당신이 슬며시 들어앉는다

어떤 떨림을 주고받았길래

그렇게 바뀌어가는 걸까

손 내밀 이파리 하나 없는 가지에도 맺혔다 가는 것처럼

당신과 나 사이에는

망설임이나 무모함이나 혹은 낯섦 같은 것이 늘 뒤섞여 있다

어떤 것에도 사랑만 있는 게 아니어서 가끔은

삶에서 삶 아닌 것이 기어 나와 비늘을 털지만 어쩔 수 없이 우리의

이마에 성에가 끼고

빈 벽을 더듬어

날씨가 춥다는 것 털 귀마개가 없다는 것 너무 일찍 허기가 돌아온다는 것 빨래는 젖어 있고 다툼도 없이 말이 없는데 새삼스러울 것도 없는 일상을 염려해요

어둠이 오지 않는다는 것 가로등이 너무 환해 거리에 사람이 없다는 것 사랑이 없으면 눈도 오지 않는다는 것 시가 되지 않는다는 것 이딴 것들이 염려에 들기나 할까요

그동안 긁적거리기만 했던 마음을 조심스럽게 보내며 당신이 뭐라고 할지 그것이 큰 염려지요

당신은 빨리 어두워져서 좋아요 그랬으면 좋겠는데

빈 벽을 더듬어 누군가 어둠을 몰아내고 있네요

저쪽 눈물이 이쪽으로 왔는지

겉은 멀쩡한데 썰어보면 바람 든 무가 있다 바람이 무 속을 헤집고 들어온 것인지 무가 바람을 끌어들인 건지 알 수 없지만 한 번 바람 든 자리는 울음 없는 눈매처럼 퍽석하기만 한데 차곡차곡 접혀 있던 너를 들춰본 뒤 아무렇게나 던져놓고 간 그 바람이 썰다 만 무 속에 있다 너는 이미 없는데 바람은 또 불어 마치 저쪽 눈물이 이쪽으로 건너오기라도 했는지 그 자리가 잘 마르지 않는다

별

속옷을 삶아 널었다

함부로 내놓지 못한 것들이

국숫발처럼 말라가고 있다

겉이 아니어서

제대로 마음 놓고 웃어본 적 없는 속마음

젖은 것에도 그림자가 있었는지

뽀얗게 봉오리로 맺힌다

저들이

서서히 벌어져

마침내 펄럭이는 꽃이 되었다가 빳빳하게 피는 깃발이 되듯

꽃 속에도 꽃만 있는 게 아니어서

깃발 속에도 흔들림만 있는 게 아니어서

볕과 그늘이 함께 일렁이는데

속옷은

구김이 유난히 희다

슬쩍 물러나줄 때가 있다

불 꺼진 방은 백지를 마주 보고 있을 때처럼 망연하다 어디에도 디딜 수 없어 벌떡 일어나면 여전히 검은 물무늬들, 눈 감으면 다시 깊고 푸른 허공 그런 뒤에야 어둠이 목례를 하며 슬쩍 물러나줄 때가 있다

하루 하루가 그랬다

철 지난 파라솔처럼 묶여

언제쯤 벗어날 수 있을까

어떤 빛들은 벽에 부딪쳐 이미 돌아가 버리고

겨우 빠져나온 빛만 머물다 간 방

창으로 들어오는 희미한 것에 손을 쬐며 지쳐 돌아온

생활을 지우려고 애쓰는 동안

아무것도 없다고 생각했던 것들의

뒷면을 본다

내력

내던져져
무더기가 되기도 하고
탑이 되기도 하지만 그렇다고 애초부터 그러려고 한 것은 아니다

돌인들 왜 홀가분하게 떠나고 싶지 않았을까
저들에게 빈방이 있는 것도 아닌데
돌은 돌을 불러들여 결국 제 무덤을 파기도 한다

팽개쳐져 뾰족해진 돌은
채이고 굴러다니다 낯선 곳에서 다시 시작해야 하는데
더 이상 이파리를 가질 수 없어

너무 오래 주저앉아버린 것일까

누구는 운다고 했고 어떤 이는 꽃 핀다고 했다

던져진 돌에 물을 담고

때로는 그들의 내력에 대해 곰곰이 짚어볼 때가 있다

감은사지

죽은 물고기 눈에 바다가 맺히지 않는다면

너에게 슬픔이 없는 것 같아서

이 길이 바다로 이어지지 않는다면

너에게 비린내가 없는 것 같아서

파도가 거품을 게워내지 않는다면

기억이 그곳에 닿지 않는 것 같아서

네 눈동자에 분노가 사라질 때까지

탑은 기다려주었다

히말라야

결국
가지 않았다 멀리서 바라볼 뿐

평생 벗겨지지 않을 누명처럼
얼어붙은 흰 이마

그것만으로
우리는 이미 반성했는지 모른다

그에게는 벗어버리지 못한 냄새가 있다

그는 새벽마다 도끼질을 한다

제 몸통을 쪼개 나이테가 보고 싶어지는 병이 있는 것처럼*

점점 뭉툭해져가는
점점 식어가는, 제 속을 들여다보고 싶었던 것일까

온 힘으로 밀고 오느라 다 빠져나가 버린 줄도 모르고 견뎌온 그가
붙잡고 싶었던 것은 무엇일까

쪼개질수록 속살을 드러내는 나무에게서

아직 다 벗어버리지 못한 한때의 냄새가 났다

어둠을 내리치다 보면
단단한 껍질에 싸인 해가 흰 런닝에 비쳐
그의 창을 흔들어 깨우면

그는
무엇이 되고 싶다는 병을 앓기도 하겠지
더 이상 무엇이 되어서는 안 되는 줄 모르지 않으면서,
다시
  두려움의 냄새를 찾아내겠지

*사이토 마리코의 「미열」에서 인용

詩

어느 아침은
부끄러워서 고개를 들 수
없었네

나에게는 없는
목련이 처음으로 피어나서

파릇한 봄 하늘을 마구 흔들며
자신의 정결함을 강렬하게
뿜어 올리는데

저 순백의 뿔

나는 떨고 있었네

그 아침은
빛이 사라지고 오로지 세상의 빛 아닌 빛만 타올라서
나의 부끄러운 곳에도 한 송이가
피어서
몸을 닦아주고 있었는데

모두가 잠든 것 같은
또 어느 아침은
가장 순정한 꽃잎부터 먼저
떨어뜨리고 있다

3부

새해

김보라 작업실 벽에 그려진 푸르고 어린 말에게

머리에 장난감 같은 플라스틱 뿔이나 하나 달고
나와
뒷발질이나 하고 있다

짐승의 새끼로 막 태어날 때
어떤 막에 싸여 맨바닥에 던져질 때
덥고 푸른 김이 금방 식어버릴 때

푸들푸들 한기를 털며 겨우 일어서보지만
어디로 가야 할지 몰라 어린 말은
그저 네발로 버티고 있다

반쯤은 눈썹에 가려진 눈으로 낯선 그림자가 들어서

고 눈곱이 끼고 먼지 바람이 갈기를 세우겠지

  머지않아
  흙바닥에 발을 디뎠던 그 순간을 후회하게 될
  푸르고 어린 말은

깃털

전력으로 날아온 새가 유리문에 부딪쳐
고개를 떨궜다

한 손에 들어오던 뭉클한 온기

새는 제 눈으로 돌아갔는지
감기지 않는 눈 속에 새가 있다

왠지 나에게 날아온 칼을 대신 받아준 것 같아
종일 새가 밟혔다

어떻게 해주지 못해 오래 머무는 것일까

이미 가버린 것들

　차라리 마주치지 말았으면 좋았을 일들이 다시 떠올랐다

　어떤 일들은 내 안에서 빠져나가지 못해

　하얗게 깃털이 날릴 때도 있다

휴가

낯선 여행지에서 종일 새장 앞에 쭈그리고 앉았다

얼마 전 거실 창에 부딪쳐 죽은 새가 눈도 감지 못한 채

허공으로 떨어져

집도 없이 그러고 있을 것만 같은 그 새가 떠올랐다

새벽마다 발등 위로 흰 꽃이 떨어지는 이곳에서

꽃을 피해 다니기가 쉽지 않은 이곳에서

새장에 물을 갈아주고 먹이를 채워두고 싶었던 것일까

잃어버린 깃털이 들어와 알을 품고 날개를 가질 동안 머물러준다면

죽은 새의 눈을 덮어줄 한 줌 모래가 될 수 있다면

텅 빈 집으로 돌아갈 수 있다면

오래전

집을 벗어나 부풀려진 몸뚱이를 어디에도 집어넣지 못해

그러고 있는 나를

빈 새장이 들여다보고 있다

창문을 긴장시키고 있다

 야자수 잎이 판화처럼 달라붙어 있다 우거진 잎은 폭포가 쏟아지는 것 같기도 하고 그늘은 뒤엉켜 용트림하는 것 같다 무엇이 저토록 이파리를 분노케 하는지 성난 짐승의 휘어진 등줄기가 괴성을 지르며 창문을 깨고 들어올 것 같다 태양은 바로 위에 있고 가난이 이파리처럼 번지는 이곳에서 야자수 잎을 벗어나기 쉽지 않지만 그 아우성은 안으로 들어올 수가 없다 큰 유리 한가운데 쇠파이프가 걸쳐져 있는 여기는 낯선 공항, 피켓을 들고 기다리는 누군가와 눈이 마주치면 그를 따라 저 잎 속으로 들어가야 한다

그녀에게 1

 코끼리가 지나가면 메마른 땅이 더 갈라져버린다는데 허기를 채우기 위해 나무를 쓰러뜨린다는데 뿌리까지 파헤치기도 한다는데 그것 때문에 더 길어진 코를 진흙탕 속으로 처박기도 한다는데 큰 덩치를 가리기 위해 더 큰 부끄러움을 불러왔는지 모른다 큰 키가 민망해 늘 뒤로 물러서는 그녀도 그래서일까 덩치에 어울리지 않는다는 말 덩칫값 좀 하라는데 누구에게나 벗어버릴 수 없는 뒷면 같은 것이 있어 제 슬픔만큼 큰 몸을 끌고 다니느라 얼마나 안간힘을 썼으면 코끼리가 지나간 자리는 생각보다 발자국이 남지 않는다는데

이른 새벽 뭉개진 고양이 다리 위로

지금 여기는

빛으로 가득 차 있다

아직 더운 김이 나는

뜯기다 만 주검 곁에

빛은

어둠을 밀고 와서는

제 뒷모습을 채우고 있다

누가 불러온 것일까

꿈은 빛으로 완성되기라도 하는지

죽음을 들여다보는

저 눈 속에서

수많은 것이 죽고 태어나

다시

어둠으로 갈아입는다

혀

트럭에 실려 가는 개들

허공이라도 혹은 철창이라도 핥아 보고 싶은지 혀를 늘름거리고 있다

저토록 순한 본성이었나 싶은데

마치 분홍 슬픔을 베어 문 듯

넣다 뺐다

곧 떨어뜨릴 것 같다

누구든 거죽 안에 꽃잎을 품고 있지만

차가운 저를 데워주고 쓰다듬어주는 여리여리한 저것을 지키기 위해

개는 그토록 짖어댄 것일까

결국 울분도 한때라서

붉은 것을 삼킨 이파리들이 번들거리기 시작하자

하루가 멀다 하고 개장수가 돌아다니고 있다

머지않아 뭉텅뭉텅 썰어낼 수육 한 접시를

개는 이미 알고 있기라도 하는지

뜨거운 그것을 영 삼키지는 못해

넣다 뺐다 하는 것일까

저를 감당하지 못해

지네를 죽였다
죽이고 또 죽였다

발들이 꼬물거릴수록 더
이빨을 깨물고
부들부들 떨며
발로 짓밟았다

잔뿌리 같은 붉은 발들은 그렇게 지나가고 있었을 뿐인데
어쩌다 마디가 너무 많았을 뿐인데

나도 모르는 적의가 저들끼리 뭉쳐

기껏 기어 다니는 것에
발길질을 했다

그날 그 길에서
그 화장실에서
이유 없이 당한 것과 뭐가 다를까

짓밟혀야 할 것은
따로 있는데
아직도 칼날을 밖으로 잡고 다니는 눈동자를
빤히 바라본 날이다

만만한 게 그것이어서

어릴 적 장바구니에 육고기도 그랬다 벌건 핏물이 달라붙어 떨어지지 않는 피비린내를 신문지가 삼켜준 셈이다

언젠가 만원인 기차 안에서 견디다 못해 퍼질러 앉을 때도 그것이 없었다면 그러지 못했을 것이다

어디든 펼치면 밥상이 되기도 하는

급하면 밑도 닦아주는

만만한 게 그것이어서

세상의 자질구레한 일들을 제 몸에 다 새기고도

말라버린 짜장면 그릇 가려주고 있다

그녀에게 2

그 언젠가 나를 위해 꽃다발을 전해주던 그 소녀,
오늘따라 왜 이렇게 그 소녀가 보고 싶을까*

간절히 불러도
이미 꽃다발은 빼앗기고 소녀는 없다
작고 어린 女 아직 다 자라지 못한 女

女가 아니었다면 쏟아내지 않았을 응어리
처음부터 부끄러움은 네 것이 아니었는지도 모르는데
너무 깊은 곳으로 숨기지 않아도 되었을 텐데

평생 벗어버리지 못한 붉은 것이
부글부글 끓어올라 소녀는 할머니가 되어도

소녀다

 그 언젠가 꽃다발을 받아 안아야 할 흰머리 곱게 빗은 그 女
 지워진 기억 속에서도
 지워지지 않는

 그 어둠 속을 헤메느라
 마음껏 자라지 못한 어린 女를 돌려주기 위해
 아직도 밖에서 떠는

*조용필의 〈단발머리〉에서 인용

청첩장

아무 일도 일어나지 않을 소읍의 풍경처럼
그녀가 왔다

마치 오래전부터 손잡고 다니기라도
한 것처럼 그렇게

신부가 되는 내일은
웨딩드레스 속에 가려져 다 알 수는 없지만
구겨진 운동화를 다시 고쳐 신어보는 거라 했다

영문도 모른 체
속눈썹을 붙이고
화관을 올리고 지워지지 않을 입술 빛으로

남의 옷을 빌려 입고 걸어갔던 그런 때가 내게도 있었지

가을은 와도 낙엽은 물들지 않은 채
시들고 있는데

그때처럼
단풍도 없는 단풍놀이를 간다고
그녀가 조심스레
그렇게 내일을 두고 갔다

낭독회의 밤

땀에 젖은 채 깨어보니 나비가 와 있다

몸을 앓은 흔적이 고인 이부자리

얇은 날개로 그 밤을 가려주고 싶어

얼마나 애를 태웠는지

바닥에 달라붙은 은빛 가루 몇 점,

누가 가벼운 생이라 말할 수 있을까

아픈 이마를 짚어온 희미한 의식으로

지난 늦가을 낭독회에서 읽은 일본 중세 수필에나 등장할 여인의 흰 뒤꿈치가 지나갔다

머리맡에 펼쳐진 어느 한 구절 위에 날개를 올려 둔다

숨을 쉬고

거두는 모습이 나비 같았으면

누가 슬픔을 데려오는지

너는
밤마다 검은 별을 헤는구나
붉은 모래 숲에서 초록뱀이 기어 나오고
네 뿌리는 점점 더 말라 비틀어져도
별 헤는 밤은 죽지 않는 밤

네 귓속이 간지럽구나
밤마다 푸른 바람 속에서 검은 별이 태어나고
네 몸은 뿌리보다 더 오래 살아남았어도
아무 말이 없구나
별 헤는 밤은 죽지 못하는 밤

누가 우리에게 슬픔을 데려오는지 묻지 말자

어차피 별들은 어둠 속에 숨어 있고
바다는 여전히 발이 닿지 않는데

그러나
죽지 않는 밤은 살아 있지도 않는 밤

바라나시

뭘 보여주고 싶었지

고작 썩어빠진 성수

그 위로 몰려드는

신비와 두려움이 섞인 눈동자들

바라나시,

나무는 불로 다시 태어나고 잠시 불이었던 우리는

타들어가는 망고나무 가지에 걸터앉아 돌아보는 것

뿐인데

　바라나시,

　어쩔 수 없는 것은

　어쩔 도리가 없어

　돌아보는 눈동자를

　꽃잎에 얹어 보내주는 걸까

　바라나시,

　둘러선 우리가 태워버리고 싶었던 것은 죽음이 아니라 생이었는지 모르는데

　불덩이 채로 던져버릴 수 없어

　거두어들이는 네 눈빛은 너무 순해서

악의 거친 내 숨결이

아직은 떠나오지 못하는

태풍은 멀리 있다는데

갓 태어난 가냘픈 저녁의 발가락을 어둠이 핥아내자
붉은 바람이 요람을 흔드네

아가야 아가야 울어라

이 밤 누구도 눈감지 못하게 목청을 버려라
요람은 점점 거세게 흔들리고
네 울음은 짐승을 닮았구나

어둠을 삼켜야 고운 노래를 얻는단다
바람의 실타래를 풀어야 죽음을 얻는단다

굵은 가지에 앉은 독수리 눈알 속에 맺힌 불안까지

가로등 눈빛에 흐르는 권태로움까지
공원의 역사가 쓰러지도록 밤새 울어라

아가야 아가야 울어라

건드리지 않아도 저 혼자 넘어지는 내 사랑처럼
여긴 울음이 먼저 와 있다

태풍은 멀리 있다는데

검게 더 검게
바람이 제 아가리를
찢고 있다

4부

물가의 밤

계곡으로 들어갔다
멀리서 떨어지는 물소리에
이끌려

계곡에는 오롯이
소리만 있었는데 그것은 침묵이었다

한 치의 망설임도 있을 수 없는
다만 아래로 아래로
처박히며 부서져

결국
거품이 되어 기슭으로 밀릴 뿐

모든 걸 던져야
소리를 얻는다 했지만

두려워 발목만 적시던 물가의 밤들

어쩌면 영원히 나로 살지는 못할 거라는
안도와 초조가
뒤섞인

그 여름의 절벽

정지해 있는 시간 속으로
여름은 흘러가고

 여름은 어딘가로 가고 있다 부모의 손에 끌려가는 아이처럼 영문도 모른 채 굴러가고 있다 차라리 목적지를 몰라서 갈 수 있었던 것일까 멈추지 않을 것 같았던 칭얼거림도 달달한 아이스크림 하나 쥐여주면 배시시 웃던, 그때 그 순간이 다시 올까 뙤약볕 아래서 막대기까지 핥아 먹던 그 여름은 제 몸에서 나는 열을 어쩌지 못해 전속력으로 가고 있다 더 잘해보려고 불구덩이 속으로, 이미 빈 막대기인 줄 알면서 정지해 있는 시간 속으로 흘러간다

열기구

　작은 소쿠리에 몇 명을 태운 열기구가 느린 화면으로 움직였다 내가 떠오르지 않았다는 안도감으로 남의 일처럼 구경하는데 터지기 직전까지 바람을 넣고 버틸 수 있을 때까지 버텨보는 열기구의 큰 몸집은 뭔가 슬퍼 보였다 균형 없는 우스꽝스런 사랑들, 열기구가 잠시 기우뚱거리자 올라간 사람도 올려다보는 사람도 비명을 질렀다 가끔은 어느 한쪽으로 치우쳐야 보이는지 아래쪽은 위를 올려다보며 두 팔을 흔들고 저들은 아래로 아래로 손짓을 보내고 있다 잠시 누군가를 떠올리며 애절할 뻔했다 곧 내려올 줄 알면서 닿을 수 없는 손끝에는 생화처럼 물기가 돌았다 그 물기가 저들을 더 멀리 떠밀고

유리문 안에서 2

 청년들이 스케이트보드 연습을 하고 있다 넘어지는 것이 그들의 목표인 것처럼 처박히고 나뒹굴다 맨바닥에 눕기도 했다 언뜻 보면 바퀴에 몸을 맡기는 것 같기도 하다가 갑자기 저항이라도 하는지 밀어버리기도 했다 그들 주위로 검은 비닐봉지가 날아다니고 있었지만 그것을 흉내 내는 것 같지는 않아 넘어지는 것에만 집중하고 있었다 스스로 바퀴가 되고 싶었던 것일까 유리문 안에서 그것을 바라보는 것이 나의 전부인 것처럼 있는데 저들의 시도가 어느 순간 날개를 찾아내는 걸 보았다 아직 털이 채 마르기 전의 날개, 목을 털어내는 조류들처럼 저들은 짧게 날아오르고 제 털 속으로 움츠려드는 조류의 다른 모습도 있어 어깨에 걸친 숄 속으로 목을 깊숙이 밀어넣었다

유리문 안에서 3

　입술 찍힌 컵을 씻고 막힌 변기를 뚫고 뽀얗게 삶은 행주로 얼룩이나 닦으러 다니면서 빈 의자는 저렇게 많아도 앉을 수는 없네 너무 밝아 밤이 없는 유리문 안을 견디다 보면 가끔 욕처럼 쌍욕처럼 시가 불쑥 목구멍으로 치솟아 오를 때 있다 미끄러운 유리잔을 닦으면서 지금은 생활비를 벌기 위해 하루 종일 일하는* 시간 자본에 공손한 시간 유리문을 나가면 시를 써야지 꾹꾹 눌러놓은 시의 시간은 밤이 오기 전에 잠들어버리고 내일은 물이 차오르겠지 키 큰 나무의 그 흔들림이 나에게도 있겠지 종일 침묵을 지킬 수 있는 내일은

*찰스 레즈니코프의 「생활비를 벌기 위해 하루 종일 일 한 후」에서 인용

인형이 되기라도 한 것처럼

 한쪽 팔에 아기를 안고 구걸하는 어린 엄마여, 여린 팔에 안긴 아기는 엄마가 애처롭다 어쩌다 이미 엄마가 되어 낯선 소매를 흔들 동안 아기의 눈에는 깊이를 알 수 없는 웅덩이가 생겼다 짙은 속눈썹에 겨우 매달린 가느다란 하루, 파리떼가 그것을 파먹을 듯이 앵앵거렸다 어린 삶도 헐겁기만 해 어쩔 수 없이 외면하는데 차라리 눈 감기는 인형이 되기라도 한 것처럼 어린 눈동자가 먼저 눈을 감아주는 생生이여, 오래 머물고 싶지만 때로는 슬쩍 지나쳐주길 바라는,

흰 그림자

  흰 띠를 두른 영정 사진이 마을로 들어오는 것을 보았다 하늘도 땅도 허공도 펄럭이고 있는 듯했다 부엌 창으로 보이는 고요하고 차분한 의식, 깨끗하게 살다간 사람의 낯빛 같은 날이다 흐트러질까 깨금발로 걷다 다시 제자리로 돌아와 멀리 더 멀리로 사라지는 흰 나부낌을 봤다 그 흰빛에 뭔가 떨어뜨릴까 종일 아무것도 먹지 못했다 그저 한자리에 오래 앉아 그림자만 옮기는 의자처럼 그렇게 맞이하고 보냈다

그녀에게 3

 팔순 넘은 노모를 데리고 목욕탕에 간 날 이제 뜨거운 것조차 잃어버렸는지 자꾸 춥다 한다 탕 속에서도 춥다, 춥다 하는 그녀 뒤에서 한기가 들어 등으로 뜨거운 물을 퍼 부었다 절절 끓고 있는데 더 깊이 파고드는 노모를 데워줄 방법이 나에겐 없다 탕 안의 그녀는 누군가의 몸속으로 다시 들어가고 싶은지 태아처럼 웅크린 채 낯선 주문을 외우 듯 춥다, 춥다 하며 그녀는 여기가 아닌 다른 곳으로 이미 가고 있는 듯했다

냄새

 팬티 대신 일회용 기저귀를 사물함에 넣었다 그녀의 살림살이는 단출해서 어디든 들고 가기가 편하다 그녀는 이 고독한 아파트로 다시 돌아올 수 없다는 걸 알고 있다 미리 태워달라는 옷들 사이에서 그녀 냄새가 났다 평생 모아온 살림살이를 내 손으로 흩어버릴 수 있을까 그곳에 들어가지 않으려고 울부짖던 그녀처럼 냄새도 순순히 이 상황을 받아들이고 싶지 않은지 생각지도 않은 곳에 냄새가 달라붙어 있다 홀로 버텨온 세월만큼 독하고도 질긴, 그러나 어디에도 기댈 데 없어 순순히 따라나서는,

미처 돌아가지 못한

 오리털 이불은 덮을수록 털이 빠져나온다 몸을 찾아내지 못한 털이 방문 뒤에 모여 있다 어디로 흩어졌을까, 어딘가에서 숨죽이고 있다가 한밤이면 몰려다니는 들개 무리를 만난 적 있다 개들은 거품을 물고 짖어댔지만 뒷걸음질하고 있었는데 뭔가 또 당할까 두려운 울부짖음이 남아 있었다 내 것도 아닌 깃털을 껴안은 채 잠에서 깨어보면 멀리 가지 못했을 맨몸들 숨죽인 울분들, 뺏어 온 것들과 마주친 새벽, 얼음판에 박혀 미처 돌아가지도 못한 겨울의 영혼을 본다

너의 실루엣이 어른거려

 얇은 막 뒤에서 옷 갈아입느라 두 팔을 뻗어 올리면 너의 실루엣이 어른거리는 것처럼 어쩌면 없는 것이 아니라 가려져 있기에 눈 감을 수 있었는지 모른다

 그렇다고 마냥 감고 있을 수만 없어 눈을 뜨면, 보지 말았으면 좋았을 순간이 네 앞을 기다릴 때도 있다

 어떤 기다림은 너의 그림자와는 달라서 다시 감아버리고 싶지만 그런다고 순순히 돌아가주는 것이 아니어서 어둠이 무사히 돌아갈 수 있도록 때로는 네 손으로 주물러야 한다

반쯤 가려질 때

 넓은 탁자가 안심시켰는지 흔들림이 가라앉은 네 얼굴은 어딘가에 반쯤 가려져 있는 듯했다 탁자의 간격이 건너오게 했을까 물방울이 갑자기 맺히는 것이 아니라는 걸 알았을 때처럼 어둠은 오는 게 아니라 네 안에 이미 있었다는 걸 너도 알아차리는 것 같았다 밖은 아직 밝은데 너는 뭔가를 뭉개고 있었고 그럴수록 더 선명해지는 것도 있어서 저물녘 허물어져가는 사원처럼 너에게도 낯선 그림자가 보였다 마치 그것을 지켜주고 싶기라도 하는지 빛은 넓은 탁자를 가로지를 때 긴 치맛자락을 살짝 들어올리고 걷는 듯했다

잎들

  아직 돌아가지 못한 그림자끼리 이마를 맞대고 들여다보는 밤의 연못, 발가락만 꼬물거려도 빨려들 것 같아 오롯이 제 안으로 기우는 잎들 제 몫으로 받아 안은 밤을 쏟을까 봐 몸을 오므려 집중하고 있다 미동도 없는 잠들지 않을 것 같은 밤의 연못에서 너는 꿈속을 걸어 나와 무엇이 서러운지 연못 밖을 돌다가 흐릿한 네 그림자를 잎들 위에 올려보곤 한다

흘러내리고 있다

 한 번도 감정에 휘말린 적 없는 벽은 평평하고 반듯하다 그 벽에 누군가 알 수 없는 말을 뱉어낸 뒤로 벽은 더 단단해졌다 앞으로 닥쳐올 어떤 일에 좌절이나 분노가 없을 것 같지만 언젠가 허물어져 내릴 수 있다는 걸 모르지는 않는다 더러는 벽이라는 이유만으로 주먹질도 해보지 못한 채 결국 침만 삼키며 당해준 적 있다 벽은 한계에 부딪힐 때면 담쟁이를 감아올리거나 구멍을 뚫어 자신을 달래보려고 안간힘을 썼는지 모른다 어느 날 말로는 표현할 수 없는 뒤엉킨 눈빛으로 인제 그만 주저앉으려는 너를 위해, 어떤 순간을 또 다른 순간으로 돌려보내 주고 싶은지 벽은 이미 흘러내리고 있다

입구

 제목이 난간이라 했다 첫 그림은 늘 붉은색으로 시작한다는 그는 푸른 바다가 보이는 3층 난간에서 오히려 붉은 빛을 봤다고 했다 바다도 내몰리면 그럴지 모른다는 생각을 했다 그림에는 밀려온 바다가 테두리처럼 남아 있었는데 더 붉은 빛이었다 붉은 옷이 안 어울리는 나를 보고 젊기 때문이라 했다 어쩌면 난간이 보이지 않는다는 말일까 선뜻 그 그림 속으로 들어서지 못하는 것은 입구가 난간을 향해 열려 있기 때문이다

시인의 말

*

걷기만 하면 각자의 칼을 가진다는 툰드라의 아이들, 그들은 칼을 숟가락처럼 사용한다고 했다. 한 덩어리 고기를 입에 물고는 마치 입술을 썰 듯 잘라 먹는 그 아이들, 우리도 겨우 어딘가를 짚고 일어설 때쯤 각자의 칼을 들고 모이기는 했지만 결국 그 칼날로 아무것도 할 수 없던 시절이 있었다.

*

가끔 다니러 간 재활원에서 만난 그는 죽을 때까지 침을 흘렸다. 가슴에 수건을 달고 그것 적시는 일에 평생이 다 젖었다. 한 숟가락의 밥을 삼키기 위해, 이름 석 자를 밀어내기 위해, 웃을 때도 그랬다. 다물어지지 않는 입으로 용쓰는 만큼 밀려 나오는 그것, 얼마나 애가 탔으면 그토록 끈적했을까. 턱과 손등엔 침에 젖은 얼룩이 푸른 멍 자국처럼 남아 있었다. 선뜻 마음이 가지 않아 제대로 손 한번 잡아주지 못한 나를 부끄럽게 만들었던 침, 시도 그런 것이 아니었을까. 용쓰다 뱉어놓은 한 마디, 침처럼 질질 흐르다 가끔 시로 엉키는,

*

일생을 바쳐 순례길을 떠나는 사람들이 있다. 한 걸음도 손짓 하나도 헛으로 하지 않는 그들, 앞치마가 너덜너덜해지도록 손바닥의 나무가 다 닳아빠지도록 기어서 가는 길. 그들의 영혼은 얼마나 높은 곳에서 펄럭이고 있는지 보이지 않는 것을 보며 가고 있었다. 시도 그랬다. 허공으로 한 행 한 행을 던지다 보면 어쩌다 길이 생겼다. 가느다란 외줄을 믿고 건너가 보는 것, 살얼음판 위에서 발밑을 보는 것이 아니라 강의 저 끝을 보며 가볼 뿐이다. 어디로 가는지 몰라 두렵고 떨리는 시의 입구를 틀어막으며 말의 순례자가 되어보는 것이다.

*

뿔이 잘리는 사슴을 본 적 있다. 긴 다리를 닮은 눈은 바늘로 핏발을 그려 넣기라도 하는지 터질 듯 긴장해 있다. 피를 받아 돌려 마시며 붉은 이빨을 드러내는 저들의 풀린 눈동자. 뿔 잘린 사슴은 버둥거리다 벗어나면 남은 힘만큼 도망가다 뒤를 돌아보고 서 있다. 어느 날은 부끄러움이 부끄러움인 줄 모르고 뻔뻔하게 지나간 날도 많다.

*

그때는 왜 그렇게 보이는 것만 봤을까. 시가 뒷면에 더 가까이 있다는 것을 믿지 않았던 것은 아니었을까. 어차피 시는 보이지 않는 것에 대한 이야기인데 보이는 것을 찾아 떠돌아다녔다. 그때 신발 뒤축이 얼마나 안쓰러워했을지 지금 돌아보는 것은 너무 늦은 것일까. 아는 것을 끝까지 부정하며 믿었던 것을 뒤집고 또 뒤집어야 하기에, 하나를 알면 세 개가 가려진다고 했던가. 보이는 순간 이미 어딘가에 가려져 있음을 너도 미처 알지 못한 때가 있었다.

*

 누군가의 아픔에 대해, 사물의 낮은 자세에 대해, 들짐승의 울음과 웅크린 돌에 대해 외면하면서 너는 어디에 귀 기울이고 있었는지. 가장 피하고 싶은 순간 앞에 너를 세워두는 것이 시의 자리라는 것을 모르지 않으면서 그 순간의 눈동자를 마주 보지 못했다. 어쩌면 그 비굴함과 비겁함이 다시 시로 돌아가게 한 것일까. 삶과 죽음이 한 몸으로 연결 되어 있음에도 오로지 삶에만 급급해하는 것과 다르지 않아 그때는 죽음이라는 것이 있는지도 모른 채 흘려보내기도 했다.

*

 스스로 존재 이유를 가지기 위해 뭔가를 장식했는지 모른다. 살아남기 위해 애써 이유를 만들어내는 것처럼 여기 남기 위해 시를 쓰고 있는 건 아닐까. 너의 시는 너를 위한 알리바이였고 우리는 서로의 잠을 흔들며 밤 속을 오래 걸었다. 그러다 더러 밤의 낯선 얼굴을 만나면 환호를 지르기도 했지만 그것 또한 환상 같은 것이었다. 시로 삶을 뭉개기도 하고 삶 속으로 시를 끌고 들어와 그 안에서 이원의 세계를 꿈꾸어온 건 무엇이었을까. 진실이 있고 믿음이 있는 게 아니라 믿음에서 진실이 생겨나는 것처럼 시를 믿으며 시 안에서 진실을 찾으려고 오래 헤매고 있었다.

*

시인으로서의 자세, 시인으로서의 발음, 시인의 태도로 서 있을 때 내가 누군지 알게 된다는 것을 그때는 몰랐다. 운동선수가 몸을 만드는 것이 운동과의 어떤 관계가 있는지 모른 채 시를 만들어내려고만 했던 그때. 삶과 시가 함께 존재한다는 것을, 시는 살아낸 만큼 온다는 걸 믿지 않으며 너는 네가 누구인지도 모르면서 알 수 없는 말들을 토해내기만 했다. 그 말이 어딘가에서 진실을 더럽히고 있는 줄도 모르고,

*

순간순간을 기억하기 위해서 시를 쓰는 걸까. 어쩌면 눈에 찍혀 잊히지 않는 그 순간을 살려두고 싶어 쓰는지 모른다. 가령, 어릴 적 살았던 허물어져가는 집에 대해, 탱자나무 가시에 기필코 기어오르는 넝쿨에 대해, 창문에 부딪쳐 떨어진 그 날개에 대해, 진실을 증명하려

던 죽음에 대해 그 순간을 가장 진실하게 절실하게 말해보려는 노력이야말로 시 가까이 가보는 것이라 생각했다. 그럼에도 불구하고 눈 감아버렸던 순간들, 이제 네 앞을 버티고 비켜주지 않는다.

*

때로는 순응해야 할 시간 앞에서조차 불화하려 했던 너는 결국 색을 버리기 시작했다. 가볍게 지는 잎들은 이제야 제 안에 깃든 영혼을 기록하는 것일까. 진정한 기록은 순간을 채우는 것이 아니라 정확하게 살아내는 것이다. 어느 철학자의 정해진 아침처럼,

*

삶의 내부를 들춰본 순간 보지 말아야 할 것을 봐버린 것은 아닐까. 슬쩍 가려져 있는 검은 그림자. 끝까지 너를 따라다닐 그것에 대해 말해야 할 의무가 있을 것 같은데, 떠나지도 못하고 돌아오지도 못하는 고향처럼 늘 그 언저리를 맴돌 뿐이다. 삶이 추하고 흉하지만 그렇기 때문에 아름답다는 것을 언젠가는 고백해야 한다. 작은 열쇠 구멍으로 들여다보지 않았으면 좋았을 걸, 한

밤중 도로에 뛰어든 고라니가 불빛 때문에 오히려 불빛을 보지 못하는 것이 시의 모습일까.

*

생生이 너를 통해 살다가 소멸하는 것이지 네가 생을 사는 것이 아닌 것처럼 시 또한 모르는 곳에서 왔다가 너를 통과해 모르는 곳으로 간다. 잃어버린 공간이야말로 진정한 공간일지 모르는데 그것이야말로 진정한 사랑일지 모르는데, 그동안 너무 꽉 붙잡고 온 것이 많다. 네가 주인 것처럼 네가 시의 화자인 것처럼 너를 앞세우고 여기까지 왔다. 진실과 아름다움이 도달할 수 없는 불가능의 영역인 것은 그것이 늘 가려져 있기 때문인데 시는 우리 앞에 없는 것에 대해 말하는 것인데, 너는 불을 들고 불을 구하러 다니고 있다.

感

고요한 응시와 호흡으로
살아낸 시간

조원규

1. 침묵의 응시

 존경하는 선생님의 소개로 지금껏 알지 못했던 시인의 글을 받아들었다. 한 번 통독하며 여러 시편에서 깊은 인상을 받았지만, 이내 나는 다소 두려움을 느끼며 뒤로 물러서 거리를 두었다. 시집에서 내가 숨을 얹고 함께 흐르기 버거운 어떤 호흡을 느꼈기 때문이다.

 일을 하다가 간혹 나는 고개를 돌려 시들이 놓인 쪽을 바라보곤 했다. 벽에는 이 시집의 1부에 실린 「눈빛」이란 시가 프린트되어 붙어 있었다. 아름다운 시다. 이향 시인의 첫 시집 『희다』에 실린 「밤의 그늘」이 그렇듯이 명편이다.

 만일 내가 이향 시인에 관한 다큐를 만든다면, 「눈빛」

을 장면화하여 처음과 마지막에 배치하리라는 상상을 했다. 「밤의 그늘」이 이곳을 중심 삼는 고전적 구심성을 지닌다면, 「눈빛」은 저편으로 열리는 낭만적 원심성을 띤다.

그런데 "하늘과 구름처럼 같이 가보는" 「눈빛」에 도달하려면, 우선은 출발하여 거쳐야 할 영역이 있었다.

물컹한 덩어리 어둠 속에서 나무가 짐승처럼 붉은 꽃을 낳는 시원적 공간으로 열리는 시집의 1부에 실린 시들을 읽어가다가 문득 나는 시들을 감당할 준비가 덜 된 자신을 느꼈다. "온몸에 물살을 감고 더 깊은 곳으로 헤엄쳐 가는", "영원히 끝나지 않을 것 같은"(「재즈」) 동안 내내 말없이 귀를 열고 응시하는 실존, 이편 시인의 침묵이 왠지 나는 힘겨웠던 것이다.

이상한 일, 침묵을 그려내는 말이 있는 모양이었다. 응시하는 삶의 밀도라고 불러야 할지도 몰랐다. 그 밀도는 사물에서 사물로 이어지는 흐름을 깨지 않고 이성과 관념의 횃불로 어둠을 해소하지도 않는 시간의 구간 또는 자세에서 비롯되는 것이다.

그것이 한 세월이라면, 독자여, 당신께선 잘 견디시려는가?

시인이여, 어서 숨 한 번 시원스레 내쉬며 무슨 말씀이든 하라, 발걸음을 옮겨 나아가라, 싶은 그 자리에 「눈빛」이 있다.

구름이 하늘로 스며드는지 하늘이 구름으로 번지는지

어딘가로
누구에게로
저렇게 스며들 수 있다면

[…]

이미 내가 나여도 당신의 엄마가 아니어도 당신의 딸이 아니어도

4부로 나뉜 시집에서 시들의 배치와 모음으로 자체의 완결성을 보여주는 것은 특히 1부이다. 시원적 어둠과 일상의 시간과 오래 머물러주지 않는 "세상의 빛 아닌 빛"이 모두 경유되는 한 바퀴의 온전한 내러티브가 드러나기 때문이다.

2. 유리문 안에서

 사람이 자신이기 위하여 늘 저편 삶의 이미지를 필요로 한다는 것은 아마도 인간학적 소여일 것이다. 창문이 있어야 하고 그 너머로 바라본다는 구도가 필요한 것이다.

 다른 삶을 떠올릴 수 없는 소외의 지경에서는 스스로가 낯설어지고 사물과 풍경은 아득하거나 망연해진다. 때때로 세상 곳곳에서 우리가 그렇고, 어떤 경위에선가 느려지거나 멈춰 고이는 삶 속에선 더욱 그러하다.

 이를테면 우체국 가는 길, 평생 그 자리에 선 나무에겐 갈림길도 막막한 외길이다(시집 『희다』, 「우체국 가는 길」). 늙은 나무에게는 거기 갈림길 말고는 다른 길이 없기 때문이다. 그러면 나무에게는 슬픔이 찾아올까? 나무를 바라보는 나에게는?

 "슬픔이 찾아오지 않은 지 오래다" "슬픔이 돌아오지 않은 지 오래다"(「유리문 안에서 1」) "어제도 내일도 경계가 없으니" "밀려왔다가 다시 밀려가는 시간들" "기억이 뭔지도 모른 채" "일렬로 늘어선"(「바닷가의 집들」) 바닷가의 집들처럼 삶이 어김없이 무료하게 시들어가는 것만 같을 때, 이러한 삶을 어떻게 전환할 수 있을까? 때로는 어디 먼 곳으로 가서 "신비와 두려움이 섞인 눈동자들"(「바라나시」)을 만나기도 하고, 죽음의 의식 이전에 삶에 관한 소망이 있음을 깨닫기도 하는데, 여전히 "노래는 내 귀에 들리지" 않고 (「내 귀에는 들리지 않는다네」), 다시 흔들릴 수 있도록 바람은 불어오지 않을 때, 우리는 이러한 삶을 어찌할 수 있는가.

슬픔이 찾아오지 않아 눈동자 흐릴 일도 없는 삶, 그렇게 평온하고 괜찮을까? 이 물음에 답을 구하는 시들 속에 시인의 삶과 세월이 숨죽여 흐르고 맺혀 있다. 슬픔에 관한 사정을 알기 위하여 시인 이향은 도처에서 눈을, 눈동자들을 들여다보는 사람이 된다.

> 죽은 물고기의 눈에 바다가 맺히는지를 살피고
>
> _「감은사지」

> 작은 새의 눈을 본다
>
> _「오늘 아침 네 영혼으로 눈 내리는 걸 보네」

수십 군데 넘도록 시인은 눈과 눈동자에 대해 말한

다. 눈동자는 분노나 두려움이 서리기도 하지만, 슬픈 물기가 어릴 때가 많고, 무엇보다도 "더 기다려야 할 것도/ 찾아야 할 것도 없"어도 "저 너머 또 그 너머"(「흰 새처럼」)를 바라보는 응시의 창이다, 영혼의 유리문이다.

2부의 사정이 대개 이러하다. "결국/ 가지 않았다 멀리서 바라볼 뿐"인 유리문 안에서의 숨 막히는 바라봄이지만, 그것만은 아니어서, 멀리서부터 태풍이 한 가닥 예고되며 고요한 응시 너머를 불러들인다.

"검게 더 검게" "제 아가리를" 찢으며 오는 태풍(「태풍은 멀리 있다는데」)은 어인 연유인가? 아직 오지도 않은 태풍은 이미 지난 숨결 아래에 잠재해 있었다. "어둠은 오는 게 아니라 네 안에 이미 있었다"(「반쯤 가려질 때」) 그랬기에 1부에서부터 시인의 호흡엔 그토록 편치 않은 밀도가 들어차 있었던 것이다.

3. 흘러내리는 벽

내 마음에서 억눌러 둔 것은 지평선에서 모습을 드러낸다.

그것은 창밖을 휙 지나가거나 창문을 깨고 들어올 것 같다.

거친 것, 징그러운 것, 칼 같은 것, 부글거리는 것, 말하자면 고통의 기억을 제압하려 하면, 그 김에 이편에선 물기가 마른다. 지금의 삶이 불 꺼진 방처럼 고적하고 망연하다. 그러니 그나마 슬픔, 이라고 말하는 일은 물기를 유지하려는 시인의 간절함이다.

물고기나 새의 눈에 어리는 물기나 숲과 나무에 흐르는 유동적인 것을 응시하고, 컵이나 어디에 물방울이 맺히는지 마음을 쓰며 지내는 일상의 삶은 얼핏 고요하였지만, 실은 그것은 외상적 기억과 파국의 예감 사이 줄타기 같은 삶이기도 했다.

그렇게 만은 살 수 없다는 마음이 독자나 시인에게 들었다면, 3부에서 고조되는 불안하고 거친 이미지들은 오히려 반길 만한 것인지도 모른다.

"창문을 긴장시키는" 무엇이 있다. "성난 짐승의 휘어진 등줄기가 괴성을 지르며 창문을 깨고 들어올 것 같다."(「창문을 긴장시키고 있다」)

시인은 잊어 멀리 밀쳐두었거나 깊이 묻어둔 줄 알았던 분노와 지나간 참혹을 불현듯 몸으로 겪어 드러낸다.

내색하지 않으려 안간힘 쓰며 발자국조차 남기지 않으려 했건만, 코끼리 지나간 듯 "메마른 땅이 갈라져" 버리고 "나무가 쓰러지는"(「그녀에게」) 그런 지경이다.

"이빨을 깨물고/ 부들부들 떨며/ 발로 짓밟았다"(「저를 감당하지 못해」) 진저리치다 "말로는 표현할 수 없는 뒤엉킨 눈빛"(「흘러내리고 있다」)이 되어 차마 막아낼 수 없는 강한 정동의 표출이다. 때로는 "미친 눈발로 날리"는 것(「오늘 아침 네 영혼으로 눈 내리는 걸 보네」)이다.

이 격렬함과 짝을 지어서야 독자는 시인의 숨결과 사물에서 사물로만 흐르던 외로운 응시의 밀도를 이해하고, 또 그 밀도가 안겨준 버거움까지 수용할 수 있게 된다.

그토록 오래 고요히, 왜 견디어낸 것일까, 라고 물을 수는 있으리라. "여리여리한 (저)것을 지키기 위해"서(「혀」)라거나, "거품을 물고 짖어댔지만 뒷걸음질"(「미처 돌아가지 못한」) 하던 들개무리처럼 두려운 것이 있었으리라 할 수도 있지만, 그렇게 묻고 답하는 일이 필요한 것은 아니다.

"어떤 순간을 또 다른 순간으로" 보내주기 위해 사실의 세계에선 그럴 리 없는 벽이 "이미 흘러내리"는 때에

(「흘러내리고 있다」), 높은 곳에서 낮은 곳까지, 밝고 가벼운 것에서부터 어둡고 낮게 흐르는 것까지를 포용하는 하나의 공간이 완성되었기 때문이다. 그것은 세월의 애환을 안아 들여 몸과 언어에, 몸의 침묵과 언어의 침묵에 새겨 만들어진 미적인 공간이다. 실존을 지불하여 어렵게 세워낸 시적인 공간이다. 이 공간을 어쩌면 시인 자신도 깨닫지 못하였을지 모른다. 왜냐하면 여정은 돌아봄에 의해서 비로소 의미의 공간으로 입체가 되기 때문이다.

4. 시간 속으로

내가 읽어낸 이 시집의 서사는 저러했다. 「흘러내리고 있다」의 "벽" 옆에서 구름과 하늘이 부드러운 「눈빛」 쪽의 공간을 바라보았다. 이편과 저편 사이에 한 공간이 열려 있었다. 그 공간을 시인은 걸어간다. "돌인들 왜 홀가분하게 떠나고 싶지 않았을까"(「내력」) 묻던 그녀는 어찌 이렇게 담담한 홀가분함, 흔연한 호흡을 얻었을까? 누구의 누구도 아닌, 그녀 자신의 눈빛을 어찌 얻었을까?

　그래서 눈빛이 다른 것처럼
　그것이 달라서 집으로 가는 길이 느려도

　너에게로 스미고 번져서

　하늘과 구름처럼 같이 가 보는 것
　그렇게 떠다녀 보는 것
　그렇게 파고들어 보는 것"

　_「눈빛」 부분

　어두운 숲과 그늘 그림자, 어둠에 갇힌 창문에서부터 어느 날의 환히 트인 바깥까지, 도처의 어둠들로부터 우러러 스미고 번질 하늘 구름까지가 시인의 공간이다.
　그러나 공간의 의미는 그 안을 지나는 개인의 생과 같지 않고, '누가 운다거나 어떤 이는 꽃이 핀다'(「내력」)며 걸어가는 일인 일상의 시간을 구조로 파악할 때는 경험의 고유함이 사라지며, 부정적인 것을 껴안아 구제하는 변증법적 도식은 종종 생의 이상에 지나지 않는다.

공간과 구조와 변증법이 아니라 시간 속으로 돌아가야 우리는 구체로서의 시인의 삶과 언어를 만날 것이다. 이를테면 "단풍도 없는 단풍놀이를 간다"(「청첩장」)는 마음을 짚는 마음, "한자리에 오래 앉아 그림자만 옮기는 의자처럼"(「흰 그림자」) 온몸에 시간을 새기며 견디는 자세, "어쩌면 영원히 나로 살지는 못할 거라는/ 안도와 초조가 뒤섞인" 채 (「물가의 밤」) 계곡에 앉은 마음, 난간을 그린 그림에 선뜻 다가가지 못하는 마음(「입구」)에게로 향할 때, 우리는 시집을 읽는 동안 한없이 외로운 밀도로 다가오곤 하던 시인의 호흡과 응시의 의미를 깨달을 것이다.

그것은 하늘에 뜬 열기구가 "곧 내려올 줄 알면서(도) 닿을 수 없는 손끝에 생화처럼 물기"(「열기구」)가 돌 때처럼, "유리문을 나가면 시를 써야지"(「유리문 안에서」) 다짐하는 어떤 마음의 애틋함과 간절함이다. 내게도 있어 온 그것으로만 만나러 갈 시편들이 이 시집엔 실려 있다.

이향 시인이
펴낸 책

- 시집

『희다』, 문학동네, 2013.

침묵이 침묵에게
이향 시집

발행일	2019년 1월 21일
발행인	이인성
발행처	사단법인 문학실험실
등록일	2015년 5월 14일
등록번호	제300-2015-85호
주소	서울 종로구 혜화로 47 한려빌딩 302호
전화	02-765-9682
팩스	02-766-9682
전자우편	munhak@silhum.or.kr
홈페이지	www.silhum.or.kr
디자인	김은희
인쇄	아르텍

ⓒ이향
ISBN 979-11-956227-9-5 (03810)
값 10,000원

이 책의 판권은 저자와 문학실험실에 있습니다.
양측의 서면 동의 없는 무단 전재 및 복제를 금합니다.